DEDICACION

Este pequeño manual es dedicado a todos los
fieles trabajadores que obran en el servicio de
nuestro Señor Jesucristo en cárceles y prisiones de
localidades por todo el mundo.
Agradeciendo a mi querida esposa que me soporto
en los muchos años de servicio en la prisión y en
la preparación de este manual.

INDICE

PRÓLOGO

Después de pasar por el proceso de aprender la adaptación de un ministerio normal a servir en una prisión por 20 años, pensé que sería ayuda para otros que van a comenzar en un ministerio de prisión saber los detalles de servir en este tipo de servicio para el Señor.

Para empezar para mí fue difícil debido a la falta de información en el ambiente de la cárcel. La capacidad de preparar un mensaje es una parte muy pequeña de este trabajo.

También es necesario conocer los reglamentos instituidos de la cárcel que se debe seguir.

La parte más difícil del proceso de comprender la cultura que existe en la prisión, Es una cultura muy especial que constituye de grupos, pandillas, y de las reglas que estos grupos han creado y esfuerzan entre ellos mismos.

Además hay clases entre los presos, que es el método que se usa para segregar la prisión por delitos de distintos tipos. Pero hay bien individuos que han "ganado" cierta reputación por sus logros en el mundo de las tinieblas.

Narrar todas estas experiencias en una forma escrita sería imposible. Sin embargo, tal vez puedo compartir los puntos más importantes en esta versión corta y esperamos que este manual le ayude.

CAPÍTULO 1 – EL LLAMADO

Porque muchos son llamados, pero pocos son elegidos. Mateo 22:14

No cualquier cristiano puede o debe servir en una prisión. Hay algunas cosas que se debe tener en cuenta, por ejemplo, su salud y condición física. Existen algunas enfermedades incurables en los sistemas penales de hoy; una persona en mala salud puede ser infectada fácilmente.

Un impedimento o defecto físico no debería ser un problema; sin embargo, una persona que tiene alguna clase de ataques epilépticos serviría mejor en una iglesia, donde la ayuda médica pronto puede estar disponible.

El llamado tiene que ser del Señor, con el deseo de engrandecer el Reino de Dios y el servidor debe tener una verdadera caridad cristiana para los encarcelados y esto debe ser el objetivo principal. Una vez buscando voluntarios para predicar en la cárcel local, un predicador que quería ayudar me preguntó: ¿cuántas personas asistirán a los servicios? La conversación terminó muy rápidamente, porque yo entendí que era su aspiración personal ser admirado por muchos no le impresionaba enseñar a pocos. Una mejor pregunta hubiera sido: ¿Cuáles son las necesidades de la audiencia?

Otra consideración es el tiempo necesario para hacerlo correctamente, y completar las funciones en este ministerio, ya que algún día debemos dar cuenta al Señor sobre el ministerio que desempeñamos en la prisión.

Hubo muchos voluntarios que empezaron a hacerlo y pronto lo abandonaron; este trabajo requiere un compromiso, Jesús enseña que en el Evangelio de Lucas:

O qué rey, va a hacer guerra contra otro rey, no se sienta primero y considera si puede. Lucas 14:31

El tiempo requerido necesita ser calculado correctamente para ver si tienes suficiente tiempo para trabajar con ese horario. Si las responsabilidades familiares o trabajo no lo permiten, es mejor no comprometerse. Sin embargo, si el Señor lo llama, es necesario obedecer y confiar en Él para satisfacer las necesidades.

Mi vocación fue por circunstancias no previstas, y el ministerio de prisión era la última cosa en mi mente.

Como esto sucedió es que en la iglesia en la cual yo asistía pidieron voluntarios y ya que me gustaba estar ocupado en algún ministerio en la iglesia me envolví como ayudante; así es como empecé a ser voluntario. Me dijeron que sería entrenado con alguien con más experiencia. El pastor pronto se enfermó y me quedé con el otro voluntario para asumir el ministerio, después de unas semanas me quedé solo y estuve solo por mucho tiempo.

El Señor me enseñó y me guio en los siguientes veinte años. Mi trabajo y ministerio requería seis días a la semana, con sólo domingos por la mañana para asistir a la iglesia con la familia.

No todos pueden hacer esta clase compromiso, especialmente aquellas personas en el ministerio con niños pequeños.

La razón para el riguroso programa es el número de ministros disponibles para la población en la cárcel.

También, hay muchos servicios, los grupos que están segregados en diferentes bloques o unidades según estatus, afiliación con pandillas o cargos criminales.

Por lo tanto, había un servicio separado para cada bloque; para que los diferentes grupos no se mezclaran en el servicio de iglesia, de lo contrario podría haber problemas entre los grupos.

La mayoría de las cárceles están pobladas excesivamente y el espacio físico es limitado; en consecuencia, los espacios para estudios bíblicos no tienen prioridad.

Tenemos que administrar servicios a veces en las aulas, comedores, salas de recreación o donde se puede.

Hay unidades de alta seguridad donde los presos solo pueden salir una vez por semana para bañarse o realizar una llamada telefónica.

Se nos permitió hablar con cada uno en su celda una vez por semana y proporcionar materiales de lectura. Esto no puede ser el caso en otras cárceles según la administración penitenciaria.

Para los encuentros personales tenga cuidado de mantener un registro de los nombres, estado espiritual y temas de cada interno para que pueda seguir con el mismo tema en la próxima visita.

Es una buena práctica dejar tarea en cada visita.

Por ejemplo, "Lee este capítulo de la Biblia y
escriba cómo se aplica en su vida y algunas
preguntas sobre los versículos que lee".
Una consideración más a aceptar un llamado
Pastoral a una penitenciaria es la realidad que
esto no es una obra muy apreciada.
Hay individuos que se burlan, intimidan y pueden
radiculares a los cristianos. Si usted es una
persona que fácilmente es ofendido o se enoja,
usted no podrá permanecer mucho tiempo.
Si su seguridad personal es una preocupación
mejor no entre en este trabajo, los reclusos
pueden sentir cuando alguien tiene miedo y se
aprovecharán de esa persona.

Algunos de los beneficios de la obra de la prisión
incluyen la satisfacción de cumplir la gran
Comisión en el verso 28:10 del Evangelio de
Mateo.
Uno de mis favoritos versos he tenido en mente ha
sido:

*Mateo 25:36: "estaba desnudo y me habéis vestido:
estuve enfermo y me habéis visitaron: en la cárcel, y
vinieron a mí".*

Pensar que esta Jesús en la cárcel que estábamos
visitando nos anima, nosotros ministramos a los
creyentes cristianos que están encarcelados,
algunos son nuevos creyentes; algunos están
reconciliados con el Señor, y al visitarlos estamos
visitando y sirviendo al Señor Jesús en la cárcel,
esto eleva el propósito y hace el trabajo mucho
más gratificante.

CAPÍTULO 2 – ENTENDIENDO LAS REGLAS DE LA CARCEL

Atended el consejo, ser sabios y no lo rechazases.
Proverbios 8:33

Trabajando en un sistema penitenciario requiere una gran precaución. Hay reglas y peligros de todo alrededor. La mayoría de las prisiones ofrecen reglas para visitas, las reglas de servicio de la iglesia y el horario de servicios religiosos.
Estas pueden ser sencillas normas como no aceptar nada de los presos, y que los voluntarios no usen los corbatas o llevar cosas de metal.

Estas reglas pueden incluir:
- No reciba nada de la población reclusa, esto es porque un mensaje puede comunicarse desde dentro de la prisión a un punto exterior, evitando la inspección necesaria. La mejor práctica es no recibir ningún artículo de los presos, no importa que inocentes pueda parecer, por ejemplo un papel con un nombre. La administración penitenciaria suele observar y grabar en video todas las reuniones. No acepte ningún regalo, como un dibujo, un poema escrito, una dirección o un número de teléfono.
- Otra regla común es no llevar nada dentro de la prisión, aunque la mayoría de las prisiones permiten que Biblias y estudios Bíblicos sean admitidos después de ser revisados.

Siempre avise en la entrada para mostrar lo que usted está llevando. No proporcionar alimentos, ropa o dinero, a los presos sin previa autorización.

- El tipo de ropa que lleves también puede ser un problema. En mi caso no fueron recomendados el uso de corbatas. Para las mujeres que sirven en este ministerio, habrá una larga lista de prendas de vestir que no es recomendable, como blusas sin mangas, sandalias, joyas, y otras reglas.
- Identificaciones de la prisión son un requisito en todos los casos. Siempre tenga en cuenta que hay deseos de los presos de robar su identificación. Asegúrese que el broche que se utiliza es muy seguro y está en su zona visible por lo que no puede ser rápidamente arrebatado sin su conocimiento.
- La mayoría de las cárceles tienen un sitio en la Internet donde se puede revisar las pólizas de visitas. Estar familiarizado con todas estas y tener en cuenta que cualquier violación puede hacer usted ser eliminado de entrar en la instalación.

Una de mis disciplinas que aprendí en la prisión es no comer nada mientras estaba allí, por mi salud y la seguridad. A veces se le ofrecerá una bebida o un aperitivo. Nunca recibir nada porque puede ser contaminado fácilmente. Hay muchas cosas que pueden ser puestas en una bebida en la cárcel.

Como voluntario cristiano, tenemos que tener mucho cuidado con nuestro testimonio. Algunos reclusos quieren probar su actitud hacia las reglas, quieren tratar de violar las reglas o simplemente ignorar las reglas. Los métodos pueden variar; por ejemplo, le pide un favor: ¿por favor, llame a mi novia, hermana o hermano? Esto puede ser contra las politizas carcelarias o peor aún, parte de una violación de la orden de restricción.
Por supuesto el intento es hacernos sentir culpables por no querer ayudarlos, pero en realidad no debemos permitir que los presos nos usen para sus fines personales y si cedemos nos pueden amenazar dar esa información a los oficiales que usted los ayudo.
Tenemos que recordar que es nuestro propósito y misión de este ministerio, el cual es:

Que prediques la palabra; ser instantánea en temporada, fuera de temporada; redarguye, reprende, exhorta con toda paciencia y doctrina.
2 Timoteo 4:2

Nuestro lema debe ser ampliar el Reino de Dios y dar crecimiento espiritual a la iglesia dentro de la prisión; no debe ser un tipo de servicio social a los reclusos.
Nuestro testimonio debe ser intachable y necesitamos ser cuidadosos de nuestra conducta. Nunca deje que un burlador le cause mostrar enojo. Midan sus palabras cuidadosamente, nunca dar una respuesta rápida.
Mejor es decir que obtendrá una respuesta si no está seguro de lo correcto.

CAPÍTULO 3 – SU SEGURIDAD

Por tanto, el que piensa que está firme, mire que no caiga. I Corintios 10:12

Trabajar dentro de una prisión tiene muchos riesgos, hay varias precauciones y reglas establecidas en el lugar para proteger a aquellos que hacen el ministerio.
La mayoría de las cárceles ofrecerá un entrenamiento de seguridad para personal que hace ministerio. Aquellos que participan harán bien en entender y aplicar todas las reglas proporcionadas por la administración.
Lo que me gustaría discutir son los peligros que pueden causar a un trabajador en la cárcel para ser heridos, enfermos o detenidos.

- Hay que tener mucho cuidado de no proporcionar ninguna información personal sobre usted, su familia o dirección. Alguien podría usar su información amenazarlo o encontrar alguna razón para pedir algún favor especial de usted. Recuerde que nosotros estamos representando a Jesucristo y su iglesia y no para proveer algunos beneficios sociales y monetarios.
- Algunos reclusos pretenden ser tu amigo, con la expectativa de que más adelante, pueden pedirle servicio para ellos. Para algunos ministros, no acostumbrados a tratar con los presos se le puede ser muy fácil.

La relación de ministro y encarcelado es similar a la relación profesor/alumno, donde el maestro no debe aceptar o dar favores especiales a ningún estudiante; más bien, mantener una relación estrictamente profesional. También hay que tener mucho cuidado cuando un preso es demasiado amigable, y, sólo quieren construir su confianza y más tarde utilizarlo en su beneficio.

- Como capellán, a menudo tuve que hablar con los reclusos en un área privada, asegúrese de que usted está a la vista de un guardia. Durante estas discusiones cara a cara, yo no prometía confidencialidad de las conversaciones. Además, yo detendría cualquier confesión de un crimen, mas no lo aceptaba escuchar y les pedía que lo hicieran a las autoridades. Esta buena práctica especialmente porque el preso después va a pensar que lo puede delatar, esto punto se cubre en los cursos de consejería bíblica, por ejemplo, Jay Adams 'Christian Counselor Manual'.

- No haga ninguna clase de servicio religioso sin que un guardia presente, no sólo por su seguridad, sino tener un testimonio siempre presente en caso de que se le acusa de algún cargo.

- Hay muchas enfermedades incurables en el sistema penitenciario que nosotros haciendo el ministerio podríamos ser susceptibles a estas.

Es buena práctica tocar los mínimos objetos o personas cuando se visita. Tenga mucho cuidado con objetos afilados, algunos están ahí por accidente, y algunos colocan intencionalmente, con malicia. Si se cortan obtenga atención de inmediato, cualquier herida abierta puede ser peligroso en este lugar. Al salir de la cárcel, siempre lávese las manos tan pronto como sea posible para no llevar virus a su casa. Es una buena práctica lavar toda la ropa que llevaban.

- Cuando dentro de la prisión, a veces le ofrecen algo de comer, decliné cortésmente. Los alimentos se cocinan generalmente por los internos, no todos pueden tener su seguridad en mente. Es mejor prevenir que lamentar. Si puede lleve una botella de agua; esto no es permitido en algunas prisiones, dependiendo de las reglas.

- Cuando una de las personas en el servicio o alguien en consejería muestra enojo o levanta su voz, es tiempo para terminar y buscar la atención de un funcionario de prisiones. Comportamientos pueden explotar muy rápidamente en una prisión. En un momento usted está hablando a un buen hombre y un instante después él o ella comenzar a gritar a usted o a otros.

- Me gustaría hablar de los bolígrafos y lápices, estos son peligrosos en una prisión. Los bolígrafos y los lápices se pueden convertir en un arma. Yo sé que hay a veces de la necesidad de hacer una nota de algo, pero no quiero ser culpable de causar daño a un recluso. Usted puede recordarse una nota importante hasta que sale y luego escriba una vez que han dejado las instalaciones.

-   La preparación de la aula es una parte importante de la seguridad. Cuando se realizan estudios bíblicos tuve tiempo de cambiar la posición de las sillas. Siempre quiere tener un acceso sin obstáculos a la puerta de salida. Además, desea que todos los presentes miren hacia usted y no tener a nadie por detrás.

CAPÍTULO 4 – CONOCIENDO EL REBAÑO

Tomar atención por lo tanto, a vosotros y a todo el rebaño, sobre el cual el Espíritu Santo ha hecho supervisores, para alimentar la iglesia de Dios, hechos 20:28

Se nos han cargado con el cuidado del rebaño de la iglesia de Dios. Esto incluye las diversas responsabilidades, como se describe en Efesios 4:12

> *Para el perfeccionamiento de los Santos para la obra del Ministerio, para edificación del cuerpo de Cristo.*

Obviamente, no podemos ayudar a perfeccionar a los santos si no los conoces bien. Muchos predicadores/maestros se presentan ante una audiencia con un mensaje de la Biblia que ha sido preparado con poco conocimiento del grupo que escucha.

Me invitaron una vez a una "Conferencia de avivamiento" dada por un joven estudiante de la Biblia. El público era mayormente gente cristiana mayor y avanzada edad; el joven había preparado un mensaje de las tentaciones sexuales.

Muchos otros temas hubieran sido más apropiados para este rebaño. Mi punto es estudiar bien la cultura y audiencia a que usted se está dirigiendo,

Familiarización con los problemas, tentaciones, fracasos, retos que se enfrentan en casa y en la prisión. Esto no es una tarea difícil y puede lograrse a través de los periódicos locales, entendiendo su grupo de edad, en el nivel de educación. Conocer las condiciones económicas en que viven, estas son salario o profesión, esto hace una gran diferencia en *"conocer el rebaño"*.

Yo no puedo enumerar todos los factores que intervienen en el análisis de audiencia, pues hay muchos libros que se han escrito sobre el tema. Para más información, yo recomiendo el libro de Warren W. Weirsbe 'la predicación y la enseñanza con imaginación'.

La edificación del cuerpo de Cristo es el perfeccionamiento del cuerpo de Cristo, que normalmente puede ser completado por dos factores:

- Estudio bíblico progresivo, en el que comenzamos con las doctrinas básicas y pasar a temas más avanzados. Esto puede ser difícil en una cárcel, algunos presos han llegado recientemente y algunos han estado allí por un tiempo. No es práctico para llevar a cabo un estudio progresivo si usted tiene una audiencia mixta. Sin embargo, si estás en un grupo donde la mayoría de los presos se quedaran por mucho tiempo, entonces esto puede lograr. Este es uno de los aspectos de conocer al rebaño, es decir, que es su rebaño.

- El otro factor es el Espíritu Santo, el mejor maestro. Para esta importante necesidad, sólo la oración puede ayudar. Después de cada día de ministerio debemos orar para las necesidades espirituales de los individuos por

su nombre, pidiéndole al Señor actuar en
cambiar su corazón.

Me gustaría compartir un evento que ocurrió hace
unos años.

Había un alcohólico en la cárcel acusado de
manejar mareado. Asistió a los servicios
regularmente. Oramos por él varias veces usando
su nombre. Estaba sufriendo depresión por la
situación de la familia en casa. Una tarde cuando
salía del servicio, le dije que estábamos orando
por él. No estoy seguro de lo que sucedió, pero la
semana siguiente estaba emocionalmente curado
y lleno de alegría y paz. Cuando salió de la cárcel,
llegó a visitar la iglesia con su esposa y expresó su
agradecimiento por nuestras oraciones. El punto
es que no podemos siempre correctamente
ministrar a todos los internos debido a la falta de
tiempo o de oportunidad. Sin embargo, el Espíritu
Santo es más que capaz para complementar
nuestros esfuerzos más leves.

Un último elemento que quisiera traer a la
discusión es que amar a las ovejas es esencial.
Esto es no sólo para el ministerio de la prisión,
sino para todos los ministerios.

En el Evangelio de Mateo 9: 36 leemos:

*Pero cuando vio las multitudes, fue movido a
misericordia, porque estaban desamparadas,*

Si no amas al rebaño, no hay ninguna otra manera
que se puede llegar a ellos. Esto no puede ser
imitado, pero debe ser verdadero. No podemos
solo amarlos en palabra, tiene que ser genuino.
Necesita amarlo como amas a tu hijo o tu hija.
Orar al Señor para darle amor verdadero por ellos,

por lo que puede sufrir en su angustia, y luego se
les dará pan verdadero del cielo.

Una de las razones de mi retiro de este ministerio
fue mala salud y el reconocimiento de que la
brecha en generación era más allá de mi alcance.
La mayoría de los reclusos en la prisión eran de 20
años de edad y pocos de edad mayor; Además, de
sus delitos y actividades yo no había conocido
nunca personalmente.

No quiero minimizar el poder del Evangelio o la
obra del Espíritu Santo. Simplemente hubiera sido
mejor tener a alguien más joven que tuvo más
encuentros cercanos con las tentaciones de la
juventud actual. Para esto ore y pedí al Señor que
envié a más jóvenes voluntarios en la cosecha.

CAPÍTULO 5 – RESPONDIENDO AL ALTERADO

Una blanda respuesta quita la ira: pero la palabra áspera despiertan la ira, Proverbios 15:1

En este capítulo es muy especial para mí, parece que el Señor me enseñó cómo responder en este tipo de trabajo. La primera vez que alguien me retó, fue totalmente inesperado. Cuando estamos bajo presión somos tentados a dar una respuesta rápida; sin embargo, no hay nada mejor que estar preparados y prepararse antes de que la ocasión se presente.

Te sorprenderás cómo muchas veces la misma pregunta se presenta, tal como: "¿Dónde Caín consiguió su esposa?" o "¿por qué existe mal en el mundo?"

El factor más importante a tener en cuenta esas preguntas es sólo una cubierta para el pecador a salir fuera del alcance de la sentencia de Dios.

En realidad, es una oportunidad del no creyente, para distraernos para no presentar evangelio.

Si pierdes la oportunidad, quizá no va haber una segunda oportunidad para dirigir a esa persona hacia la verdad.

Lo que tenemos que tener en cuenta es que nuestra obligación ante el trono de Dios es estar dispuesto a dar una respuesta, como se dice en I Pedro 3:15:

.. Y estar dispuestos siempre a dar una respuesta a cada hombre que le pide una razón de la esperanza que hay en ti con mansedumbre y temor.

En este capítulo, no podemos incluir una explicación completa sobre apologética. En su lugar, me gustaría incluir algunos principios básicos sobre los métodos que el Señor enseño y espero que el lector tendrá tiempo para estudiar un curso separado en la apologética, sobre todo si son llamados para enseñar o servir en un sistema penitenciario.

En primer lugar, sea extremadamente cuidadoso cuando un no-creyente hace una pregunta en público, las consecuencias pueden ser muy delicadas.

La pregunta general con la intención de mostrar un sentido de superioridad. Si pierde el reto el que pregunto puede perder el respeto de los otros presos o peor por ser la multitud y crear un odio para el que lo avergonzado a él o ella. ¿Cómo tratamos con el desafío? La tendencia es el deseo de ganar, y esto no es lo mejor.

Uno de los métodos que he aprendido es llegar a un empate. Por ejemplo: si le pregunta: si Jesús convierte el agua en vino, ¿por qué no bebemos vino? Las respuestas posibles son:

1. Lo siento, no soy muy bueno con preguntas difíciles; y continuar con la lección.

2. ¿Oh si, podemos hablar de esto después de la lección? Lo más probable es que se olvidara de la cuestión y no será traída otra vez.

En realidad, la mayoría de preguntas no son preguntas que requieren una respuesta. En cambio, son las distracciones del enemigo el diablo para desviar la atención de la enseñanza y la audiencia en otro tema en el lugar de lo que el Señor ha ordenado.

Si participas en la confusión, te conviertes en una víctima de la confusión.

En segundo lugar, mirar más allá de la pregunta a la necesidad del individuo para la salvación, incluso si usted no puede responder a la pregunta a satisfacción de él que pregunto, por lo menos dejará la dirección a la verdad, especialmente si usas la Biblia para enfrentar el desafío.

Hay que tener en cuenta que los presos se pueden ofender muy fácilmente, y si se ofenden no se van a olvidar, y pueden guardar rencor por mucho tiempo; entonces, hay que tener cuidado de no avergonzarlos de ninguna manera, pues si hacen una pregunta que digamos muy tonta, se puede decir: "muy buena pregunta", hablaremos de eso en un momento, para que nadie se burle de él que hizo la pregunta.

Porque Dios no es el autor de confusión sino de paz, como en todas las iglesias de los Santos. 1 Corintios 14:33

Además de los estudios normales de cómo preparar un mensaje como ministros en la escuela y el estudio necesario que va junto con cada mensaje, hay algunas observaciones importantes que he notado en los años.

Algunos predicadores no se dan cuenta que confuso e inapropiado el mensaje puede ser.

Mis comentarios no los hago como un experto en el tema, sino como un observador y un poco desconcertado por la falta de sensibilidad de no reconocer el impacto del mensaje.

Cualquiera que sea el mensaje es, oración debe estar en orden antes de que esté preparado. Sobre todo porque un mensaje es justamente eso; un mensaje del Señor y somos sólo los portadores de el mismo.

Me pregunto cuántos predicadores preparan un estudio bien hecho de la Biblia y lo llaman un mensaje; cuando en realidad es simplemente un comentario bíblico.

También, estudiando su audiencia es fundamental para dar las necesidades de los asistentes, ya que debemos tener una carga por el rebaño de Cristo.

El Señor Jesús en su tiempo caminando por los
pueblos de Israel los conocía como está escrito:

*Y viendo las multitudes, subió al monte; y
sentándose, sus discípulos vinieron a Él. Y abriendo
su boca, les enseñaba, Mateo 5:1.*

Por último, pero no menos importante, un
mensaje bien preparado no es diferente de un
ensayo bien escrito.
Hay tres partes de un ensayo: introducción,
cuerpo y resumen o conclusión.
Por el bien de aquellos que asisten a un servicio
penitenciario o cualquier otro estudio de la Biblia,
el ministro debe seguir las mismas normas.
Por ejemplo, después de pedir al Señor su
bendición en el mensaje, iniciar con la
introducción; discutir lo que vas a cubrir en
detalle, porque el público necesita poder preparar
su alma y pensamientos en cuanto al tema que va
a ser discutido.
Cuantas veces cometemos el error de comenzar
con el primer punto y después el segundo punto,
sin dejar que el público sepa de qué estamos
discutiendo y con la esperanza que de alguna
manera podrán seguir sus pensamientos.
Uno de los mejores predicadores escuché fue Ray
Steadman. Si usted escucha sus mensajes, verá los
detalles grandes proporciona en la introducción
antes de que comience la lección.
En conclusión, utilizando el protocolo adecuado
en la entrega del mensaje hace que un mensaje
más comprensible. Las reglas normales indican
que se mantenga el paso de 120 a 150 palabras

por minuto, hablar demasiado rápido no permite
que la audiencia se concentre en sus palabras,
hablar demasiado despacio da un efecto de dormir
a los que escuchan.

El nivel de su voz debe ser normal, los gritos son
manera carnal de tratar de producir buenos
resultados, lo cual trae lo opuesto.

No hay mejor método que dejar que Espíritu Santo
traiga los resultados por medio de la oración y
orden en su discurso.

En conclusión debemos usar las tres fases de un
mensaje esto incluye: introducción, apoyo a
puntos y la conclusión.

Esto demuestra el adecuado respeto y simpatía de
su público y el resultado final es el aprecio por el
mensajero.

CAPÍTULO 7 – CONDUCIENDO UN SERVICIO

Conducir un servicio en una prisión es nada como
realizar un servicio de la iglesia. Hay múltiples
inquietudes y el ministro/voluntario debe estar
preparado para cualquier excepción.
 Aquí hay algunos principios que pude establecer
en los últimos años que esperemos que sea de
ayuda a los que inician este ministerio.
Una de las primeras cosas a tener en cuenta es que
siempre debes estar en control de la junta que
presides.
Parece un concepto simple; sin embargo, el hecho
es que una reunión puede convertirse en una
junta caótica muy rápidamente.
La forma más sencilla de explicarlo es pensar
sobre nuestro adversario el diablo. Él es un
enemigo muy sutil y usará cualquier persona o
circunstancia para crear una distracción.
Sería apropiado en este momento para
proporcionar algunos ejemplos.
El método más común es "Tengo una pregunta" y
si estás en medio del mensaje, y completaste la
introducción, tendrá la completa atención de su
audiencia. La pregunta la mayoría de las veces no
será una consulta real, sino más bien una

distracción para tomar la atención a la tangente de otro sujeto y descontrolar la atención del oyente.
Pero si es una pregunta, hay un momento adecuado y lugar para discutirlo.
En primer lugar, discutiré las distracciones y cómo lidiar con ellas.
En los últimos años haciendo servicios penitenciarios, las mismas preguntas parecen repetirse muchas veces por diferentes presos durante las diversas reuniones.
Se trata de la pregunta común que la mayoría de los no creyentes han utilizado durante muchos años:
¿Por qué El Señor creó al diablo? ¿Por qué se permite la gente mala prosperar y gente buena sufre?
A pesar de que este tipo de discusión puede ser muy interesante, es la última cosa que queremos hacer. La razón es que al momento de responder la pregunta presentada, usted suelta el control de la reunión a el que pregunta.
Ahora la persona que solicita la pregunta ahora está en cargo y usted ha asumido una posición defensiva.
Así también, si usted da la respuesta, no será el final de la discusión; probablemente habrá una pregunta que sigue y otros se unirán. El resultado final es que el público ya no está en sintonía con el mensaje pero ahora están mirando para ver quién va a ganar.
¿Cómo tratamos con distracciones? Bueno, hay algunos métodos; por ejemplo, usted puede decir: 'Voy a contestar tu pregunta cuando termine'.

Que es para apaciguar el investigador, él o ella se sentirán algún grado de victoria y usted mantendrá el control de la reunión.

Si la pregunta se trata acerca del mensaje responder brevemente y continuar rápidamente diciendo: después hablaremos más de esto.

Te sorprenderás que la mayoría de las veces la persona olvida la pregunta y se va olvidar de su preocupación. Sólo asegúrese de que no pierdas el control de la atención de los que escuchan en la reunión.

A veces también hay diferentes tipos de interrupciones: hablar, actos de ira, gritando. Generalmente son un intento de utilizar el servicio como un lugar para obtener algún reconocimiento. Esto tiene que ver con la posición de importancia y clasificación en la cultura de la cárcel.

Para estas situaciones, el oficial de asistencia debe tomar control del problema, y es en su mejor interés para llamar la atención del oficial a cargo antes de que la situación se pueda empeorar.

El incidente que recuerdo, es de un hombre que se puso de pie y gritaba: "¿por qué no hablas de Jesús?" fue el intento de obtener el control del servicio.

En esa ocasión yo hice una pausa el servicio permaneciendo en silencio durante varios segundos sin mirar el interruptor.

Entonces, procedí con una disculpa: 'lo siento, me olvidé de mencionar al principio que a pesar de que estamos en una prisión, este es un servicio de la iglesia y en la casa del Señor, me doy cuenta que algunos de ustedes normalmente no asisten a la iglesia y no saben que no se grita en la iglesia' y luego continué con el mensaje.

Lo que sucedió a continuación fue del Señor, el hombre interrumpe una segunda vez y el resto de los internos le dijeron que se siente y se calle (no de una manera muy amable), lo que él obedeció con prontitud.

Todos los servicios se deben hacer en la presencia de un oficial, si él está haciendo su trabajo bien, él se encargará de estas situaciones.

En el pasado, tuve un oficial que envió que todos los interno a sus celdas por culpa de un interruptor.

Por último, es la intención del autor describir los problemas más comunes; sin embargo, el lector debe ser consciente de que habrá muchos otros tipos de situaciones que aparezcan inesperadamente y cuando menos lo esperas. Esa es la razón que la oración es la mejor herramienta para afrontar todas las situaciones en el ministerio y su vida personal.

Muy fácilmente podemos hacer un error que nos lleva a dar mal ejemplo de la iglesia de Cristo y dañar su buen testimonio. Tener un tiempo específico de oración para su tiempo de ministerio es un requisito importante, sin eso usted pude fácilmente caer de presa al diablo.

CAPÍTULO 8 – LA ADMINISTRACIÓN

PENITENCIARIA

Lucas 23:47 ahora cuando el centurión vio lo que hacía, él glorificó a Dios, diciendo: ciertamente se trataba de un hombre justo

El personal de la prisión está en el cuidado de la seguridad y bienestar de la población carcelaria. La mayoría de estas personas tiene experiencia de seguridad pública o fondo militar.
El trabajo que realizan no es muy agradable de hacer. Las presiones que se encuentran todos los días los puede agotar. La población reclusa no es un cliente fácil de tratar.
Una vez aprobado, todo servicio religioso se agrega a los horarios y se designa oficiales para cuidar la junta. Esto se convierte en una tarea adicional que deben realizar.
Como una pequeña parte de sus tareas diarias, debemos tener en mente que somos sólo otra responsabilidad para ellos, que requiere más tiempo y atención a su apretada lista de tareas.
La razón que les traigo esto en mente es porque debemos aprender a simpatizar con su horario de trabajo exigente y peligroso.
Usted, como ministro de Cristo y su iglesia puede ayudar con su actitud y acciones:

- Nunca discuten sobre sus órdenes, a pesar de parecer ser injustas.

Me gustaría compartir al menos un ejemplo: acababa de empezar un servicio en la capilla mayor, cuando el oficial gritó: "Tienes 25 minutos". El horario normal de llamada para un servicio de hora. Podría haber protestado y maestrearle el horario. Sin embargo, no sabía el motivo de su anuncio y retar al oficial en frente de los presos habría mostrado falta de respeto para la autoridad. Como resulta, fui capaz de hacer la mayor parte de la enseñanza y dar una invitación y oración. El problema surgió como resultado de otro encuentro imprevisto que el personal había programado y tuvieron que hacer los cambios.

- Muchas emergencias se producen en una prisión que no tenemos control sobre estas. Ha habido muchas veces cuando una ambulancia entra a la institución y para sacar uno o más reos. En tales casos se podría pedir que salga de las instalaciones en cualquier momento.

- Otro tipo de incidencias que he visto es peleas en el bloque. Estos pueden ser relacionados con pandillas o simplemente dos o más personas involucradas. Estos eventos pueden convertirse en un motín muy rápidamente, en el que la población de bloque toma el control del bloque por la fuerza. Casi todos los oficiales disponibles se apresuran a parar las peleas y tratar de tomar control del evento. Lo que significa es que usted tendrá que salir rápidamente de las instalaciones.

- Tenemos que tener en cuenta que la administración no ve la obra de él ministerio como su prioridad, seguridad es la prioridad de ellos. Tan importante como es el evangelio, se debe poner en suspenso en situaciones de emergencia. Cuanto más ayudas en el de trabajo de la administración, más apreciado y respetado serás.

- El elemento más importante de este capítulo es que los funcionarios son personas y tienen necesidades espirituales. Cuando ministramos a los presos, a veces podemos ministrar a los oficiales.

Mi enfoque fue conocer los agentes, aunque no todos ellos eran amigables. Algunos son un poco mal-humorados y no muy agradables; sin embargo, he tenido ocasiones para discutir con ellos cuestión familiar, creencias religiosas, problemas de dificultades de trabajo, y objetivos de su carrera.

Cuando los oficiales nos comparten sobre su problema personal, debemos escuchar y ofrecer una oración con la persona. También, cuando estamos llevando a cabo servicios, el oficial presente también escuchará. Como usted ha orado antes del servicio para que el Espíritu Santo haga la palabra real a los oyentes, el oficial presente también se verá afectado.

Una maravillosa oportunidad para llegar a servidores públicos para Cristo.

- Para terminar, el ministerio de la prisión es un lugar maravilloso para servir. En esta obra encontrará un propósito en la causa del Evangelio y hacer muchas amistades duraderas.

El Señor puede traer muchas personas a su alcance, si usted está atento a su dirección, podrás afectar sus vidas con el Evangelio. Los reclusos y los funcionarios son parte del plan del Señor para su reino y así estaremos listos para responder adecuadamente a estas oportunidades.

Números 19:7 El sacerdote lavará luego sus vestidos, lavará también su carne con agua, y después entrará en el real; y será inmundo el sacerdote hasta la tarde.

La pandemia COVID trae una gran carga adicional a las prisiones y a quienes administran a su población.

La posibilidad de tener servicios en persona se reducirá considerablemente.
¿Qué opciones tiene el ministro para seguir sirviendo?

1- Si usted es capaz de seguir haciendo servicios en persona, reducir la población de la multitud para mantenerse con la seguridad de la salud.
Además, si es posible, mantenga una ventana abierta para la ventilación.
Use una máscara N95 durante el tiempo que esté dentro de los edificios.
Después de dejar la cárcel lávese la cara, los lentes y las manos.

2- Si no puede tener servicios en persona, trate de distribuir un mensaje semanal de una página para su audiencia y ponerse a disposición para la consejería de uno a uno en persona.

3- Si es posible obtenga la vacuna de COVID
puesto que habrá presos que pueden
estar infectados y no tienen síntomas.

4- Dado que la mayoría de los reclusos
tienen una radio personal, proporcionen
una estación de radio cristiana que
puedan escuchar para seguir creciendo
espiritualmente.
Debemos aprender a hacer lo que está
disponible, hacer uso de cualquier
método posible que el Señor proporcione.

Conclusión

Era mi propósito en este breve resumen proporcionar una introducción básica a servir en los ministerios de la prisión. Estoy seguro que hay muchos otros puntos que deben cubrirse y esperamos que el lector pueda encontrar más información sobre el tema.
Aprecio los años que el Señor me permitió representarlo en una prisión y espero que los interesados deseen y puedan ayudar. La necesidad de voluntarios es enorme. La población reclusa supera de asistencia a la iglesia y este es un momento perfecto en su vida para tomar una decisión por Cristo.

Para terminar me gustaría para dejar con este verso de la Biblia:
Es grade la cosecha, más los obreros pocos: Rogad, por tanto, el Señor de la cosecha, que envié obreros al campo. Lucas 10:2
Pida el Señor que envíe más obreros a los campos de la prisión, Amén.

Capellán Diaz
chaplaindiaz@centurylink.net